جعبهٔ پاندورا

Pandora's Box

retold by Henriette Barkow

illustrated by Diana Mayo

Farsi translation by Parisima Ahmadi-Ziabari

mantra

در زمانهای بسیار بسیار قدیم، در آغاز آفرینش، که خدایان و الهه هازندگی می کردند.

زِؤس، شاه خدایان، در فراز کوههای اُلیمپُوس نشست و اندیشید که زمین زیبا است امّا کمبودی احساس می شود. با دقت نگریست و تصمیم گرفت که لازمهٔ تداوم زمین‌وجود حیوانات، پرندگان و ماهیان است.

Long long ago, at the beginning of time, lived gods and goddesses.

Zeus, the king of the gods, sat on Mount Olympus and thought that the earth was beautiful but also that something was missing. He looked closer and decided what was needed on earth were animals and birds and fishes.

YEADING JUNIOR SCHOOL
CARLYON ROAD
HAYES
MIDDLESEX   UB4 0NR

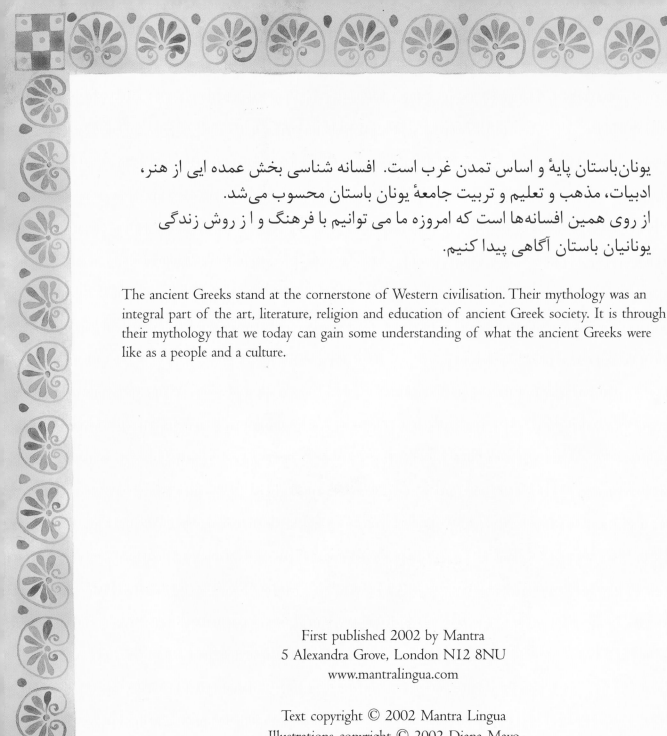

یونان‌باستان پایهٔ و اساس تمدن غرب است. افسانه شناسی بخش عمده ایی از هنر،
ادبیات، مذهب و تعلیم و تربیت جامعهٔ یونان باستان محسوب می‌شد.
از روی همین افسانه‌ها است که امروزه ما می توانیم با فرهنگ و ا ز روش زندگی
یونانیان باستان آگاهی پیدا کنیم.

The ancient Greeks stand at the cornerstone of Western civilisation. Their mythology was an integral part of the art, literature, religion and education of ancient Greek society. It is through their mythology that we today can gain some understanding of what the ancient Greeks were like as a people and a culture.

First published 2002 by Mantra
5 Alexandra Grove, London N12 8NU
www.mantralingua.com

Text copyright © 2002 Mantra Lingua
Illustrations copyright © 2002 Diana Mayo

British Library Cataloguing in Publication Data:
a catalogue record for this book is available
from the British Library.

زؤس دو پهلوان پرمِتوس و اِپیمتوس را به حضور طلبید، و آنها را
مأمور خلقت‌جانداران در زمین کرد.
او به آنها گفت: ''این کیسه محتوی هدایایی است که شما
می توانید به مخلوقات خود بدهید.''

Zeus called the two Titans, Prometheus and Epimetheus, to him and
gave them the task of creating all the creatures to live on the earth.
"Here is a bag with some special gifts that you can give to your creations,"
he told them.

پرمِتوس و اِپیمِتوس با هم برادر بودند و مثل همهٔ برادران هر کدام ضعف و قدّرت خاص خودشان را داشتند. پرمِتوس که معنی اسم او دوراندیشی است، خیلی باهوش بود و همینطور که از اسم او پیدا است او می توانست آینده‌نگری داشته باشد. درنتیجه به اِپیمِتُوس هشدار داد که: ''من همیشه اینجا نیستم، بنابر این از همهٔ هدایایی که زؤس داده است مواظبت کن.''

Prometheus and Epimetheus were brothers, and like many brothers each had his own strengths and weaknesses. Prometheus, whose name means forethought, was by far the cleverer, and as his name suggests, he could often see into the future. Thus it was that he warned Epimetheus: "I won't always be here, so take great care with any gift that Zeus may give."

هر چند که اِپیمتوس درایت برادرش را نداشت، او در فنونی مثل پیکر تراشی و نجّاری ماهر بود. همهٔ مخلوقاتی را که در نظر داشت آفرید و به آنها هدایای مختلفی از کیسهٔ زِوُس داد. به عدّه ایی گردن دراز داد، به بعضی‌ها خط های راه راه، دُم، نوک و پَر داد.

Although Epimetheus wasn't as clever as his brother, he was good at making things, like a sculptor or a carpenter. He created all the creatures that he could think of and gave them different gifts from Zeus' bag. Some he gave long necks, others he gave stripes and tails, beaks and feathers.

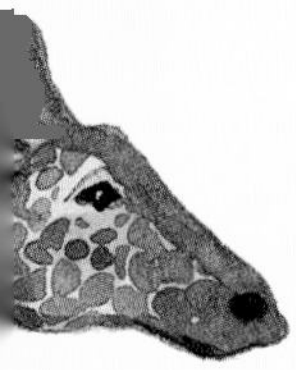

وقتی که او همهٔ موجودات را درست کرد آنها را به پرمِتوس نشان داد.
"خوب نظرت چیست؟" او از برادرش پرسید.
"آنها حقیقاً عالی هستند،" پرمِتوس گفت.
پرمِتوس به تمام زمین نگریست و بعد فکر خلقت موجود دیگری بنظرش آمد.
-موجودی که می توانست سمبل خدایان باشد. او مقداری خاک برداشت و به
آن آب اضافه کردو به آن شکل آدم داد و این در واقع اولّین بشر بود.
بعد برای او تعدادی دوست درست کرد تا تنها نباشد.

When he had made all the creatures he showed them to Prometheus.
"What do you think?" he asked his brother.

"They are truly wonderful," said Prometheus.

Looking across the earth Prometheus then had the idea for another
kind of creature - one that would be modelled on the gods. He took
some clay and added some water and moulded the first man.

Then he made him some friends so that man wouldn't be lonely.

وقتی همهٔ موجودات مورد نظرش را به وجود آورد، آنها را به زؤس نشان داد تا
به آنها روح هستی بدهد.

When he had finished he showed his creations to Zeus who breathed life into them.

پرمِتوس و اِپیمتوس به بشر یاد دادند که چگونه از خودش مواظبت کند. آنها در زمین ماندند تا شکار کردن، ساختن پناهگاه و کاشتن مواد غذایی را به او بیاموزند. یک روز پرمِتوس به سراغ کیسهٔ زِؤس رفت تا هدیه ایی برای موجوداتی که ساخته بود پیدا کند امّا کیسه خالی بود. خرطوم به فیل داده شده بود، دم دراز به میمون، قوی ترین غرّش به شیر و پرواز به پرندگان داده شده بود، تا جایی که هدیه‌ایی باقی نمانده بود.

Prometheus and Epimetheus taught man how to look after himself. They stayed on earth and lived with man teaching him how to hunt, build shelters and grow food.

One day Prometheus went to Zeus' bag to find a gift for his creations but the bag was empty. The trunk had been given to the elephant, the long tail had been given to the monkey, the biggest roar to the lion, flight to the birds and so it went until there were no more gifts.

پرمِتوس که شیفتهٔ مخلوقات خودش شده بود تصمیم گرفت هدیهٔ خاصّی به بشر بدهد، چیزی که زندگی او را آسانتر کند. و همانطوری که به مخلوقات خود می نگریست و آنها را تماشا می کرد فکری به نظرش آمد- آتش. او خواست به بشر آتش بدهد. تا بحال آتش فقط متعلق به خدایان بود، دزدیدن آن تنها راهی بود که پُرمِتوس می توانست آن را به بشر بدهد.

پرمِتوس در پناه تاریکی به کوه اُلیمپُس رفت و یک شعله کوچک از آتش را دزدید که به بشر بدهد. او به بشر آموخت که چگونه شعله را روشن نگهدارد و با آتش چه کارهایی می تواند انجام دهد.

Prometheus, who had grown very fond of his creations, wanted something special to give to man, something that would make his life easier. And as he watched his creation the idea came to him – fire. He would give man fire.

Now fire belonged to the gods and the only way that Prometheus could give fire to man was by stealing it.

Under the cloak of darkness Prometheus climbed Mount Olympus and stole a tiny flame and gave it to man. He taught him how to keep the flame alive and all that man could do with fire.

زیاد طولی نکشید زؤس دریافت که بشر چیزی دارد که متعلق به او نیست، چیزی که متعلق به خدایان است، و هدیه ایی که یکی از خدایان‌داده است نمی‌شودآن را باز پس گرفت. زؤس بسیار عصبانی بود و با خشم و غضب خدایی خود تصمیم گرفت که پرمِتوس و بشر را تنبیه کند.

زؤس پرمِتوس را ربود و او را به لبهٔ پرتگاهی زنجیر کرد. هر چند که درد اوغیر قابل تحمل بود امّا برای زؤس کافی نبود، او می خواست که پرمِتوس بیشتر رنج ببرد.

It didn't take long for Zeus to see that man had something that didn't belong to him something that belonged to the gods and a gift given by a god could not be taken back Zeus was furious and with all the rage and wrath of a god he decided to punish both Prometheus and man.

Zeus grabbed Prometheus and chained him to a cliff. The pain was almost unbearabl but that wasn't enough for Zeus, he wanted Prometheus to suffer even more.

بنابراین او عقابی را فرستاد تا جگر پرمِتوس را بدرد. هر شب جگر او التیام
می‌یافت و هر صبح عقاب بازمیگشت، تا بیشتر پرمِتوس را زجر و شکنجه بدهد.
این یک عذاب بی پایان بود، از این قرار پرمِتوس محکوم شده بود که برای
همیشه در رنج باشد بدون اینکه امیدی برای او باشد.

So Zeus sent an eagle to tear out Prometheus' liver. Every night his
liver would heal and every morning the eagle would return, to torment
and torture Prometheus even more.

This was pain without ending, and thus Prometheus was doomed to
suffer forever without hope.

با تنبیه پرمِتوس زُوس بفکر افتاد که چگونه از بشر انتقام بگیرد. زُوس نقشهٔ حیله گرانه ایی طرح کرد. نقشهایی که در شأن یک خدا بود. او موجودی خلق کرد که شبیه یک الهه بود امّا در واقع یک انسان بود. او زن را آفرید و به او روح هستی داد.

Having punished Prometheus, Zeus devised a cunning plan to take his revenge on man. A plan that was worthy of a god. He created a being that looked like a goddess but was a human.

He created woman and breathed life into her.

زُوس همهٔ خدایان و الهه ها را به حضور طلبید و از آنها خواست هر
کدام به زن هدیه ایی بدهند. از میان همهٔ خدایان، الههٔ عشق به
او زیبایی، الههٔ عقل به او درایت، عطارد به او زبانی خوش و الههٔ
آفتاب به او ودیعهٔ شعر و موسیقی داد.
زُوس او را پاندورا نامید و او را به زمین فرستاد.

Zeus called the other gods and goddesses to his side and asked
them each to give woman a gift. Among the many attributes, Aphrodite
gave woman beauty, Athena gave her wisdom, Hermes gave her a clever
tongue and Apollo gave her the gift of music.
Zeus named her Pandora and sent her to live on earth.

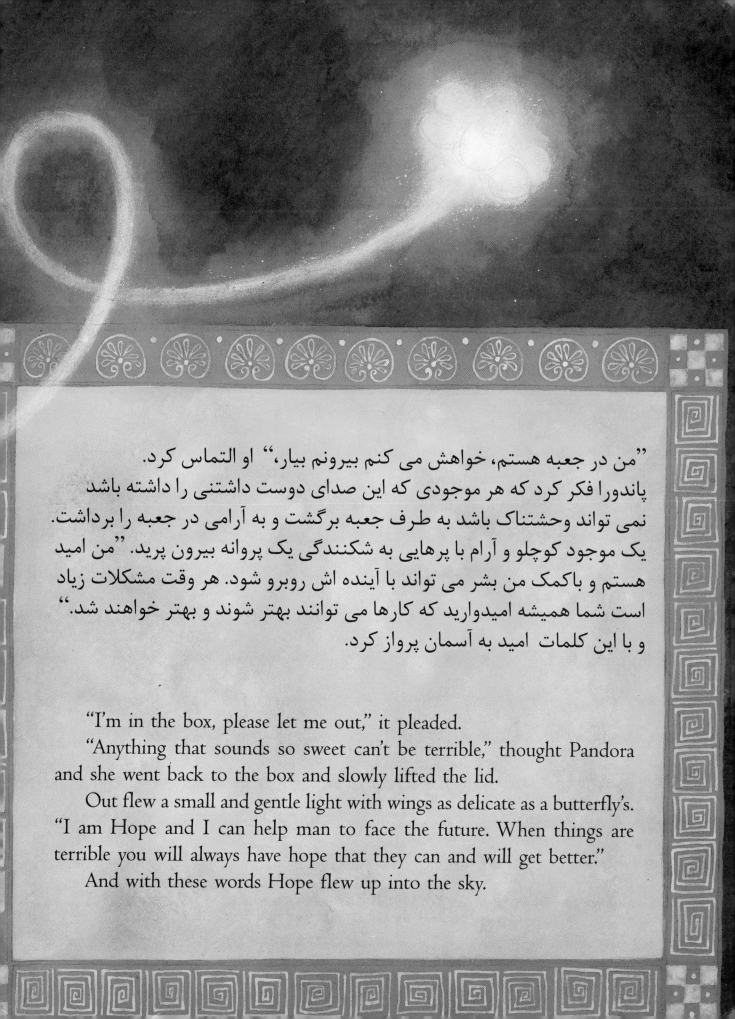

”من در جعبه هستم، خواهش می کنم بیرونم بیار،“ او التماس کرد.
پاندورا فکر کرد که هر موجودی که این صدای دوست داشتنی را داشته باشد
نمی تواند وحشتناک باشد به طرف جعبه برگشت و به آرامی در جعبه را برداشت.
یک موجود کوچلو و آرام با پرهایی به شکنندگی یک پروانه بیرون پرید. ”من امید
هستم و باکمک من بشر می تواند با آینده اش روبرو شود. هر وقت مشکلات زیاد
است شما همیشه امیدوارید که کارها می توانند بهتر شوند و بهتر خواهند شد.“
و با این کلمات امید به آسمان پرواز کرد.

"I'm in the box, please let me out," it pleaded.
"Anything that sounds so sweet can't be terrible," thought Pandora
and she went back to the box and slowly lifted the lid.
Out flew a small and gentle light with wings as delicate as a butterfly's.
"I am Hope and I can help man to face the future. When things are
terrible you will always have hope that they can and will get better."
And with these words Hope flew up into the sky.

در حالیکه امید در سراسر زمین حرکت می کرد، او از کنار پرمِتوس که به
کوه زنجیر شده بود گذشت و نور امید را در دل او روشن کرد.
هنوز چند هزار سالی طول می کشد قبل از اینکه هراکلس او را آزاد کند و
اینطور که می گویند، آن داستان دیگری است.

As Hope journeyed across the earth it passed Prometheus chained to
the mountain and touched his heart.

It would take a few more thousand years before Heracles set him free
but that, as they say, is another story.